잘 참았다

세종마루시선 012
잘 참았다

2022년 12월 1일 초판 1쇄 발행

지은이 이종인
펴낸이 윤영진
기획 이은봉 김백겸 김영호 최광 성배순
홍보 한천규
펴낸곳 도서출판 심지
등록 제 2003-000014호
주소 34570 대전광역시 동구 대전천북로 12
전화 042 635 9942
팩스 042 635 9941
전자우편 simji42@hanmail.net
ⓒ이종인 2022
ISBN 978-89-6627-231-0 03810

* 저자와의 협의에 의해 인지를 생략합니다.
* 이 책 내용의 전부 또는 일부를 재사용하려면 저자와 심지 양측의 동의를 받아야 합니다.

세종마루시선

012

잘 참았다

이종인 시집

시인의 말

시를 쓸 때면
습관처럼 마침표 대신 물음표를 넣고
시를 되새김질하곤 한다.
옳고 그름이나
좋고 나쁨을 따지려는 게 아니다.
내 생각과 신념을 돌아보는 것이다.
시를 왜 써야 하는지
그 근원적인 질문을 웅얼거리며
봄날의 텃밭처럼
몇 번이고 시를 갈아엎는다.
이렇게까지 하는 이유는
단순하게도
내가 시인이기 때문이다.

세종시 어진동 어느 곰탕집에서
이종인

차례

005 시인의 말

1부

013 부서진 살점
014 화장지를 쓰다듬었다
016 잔기침
018 겨울이 온다, 잘했다
020 잘 참았다
022 합석
024 명세서
026 은행가는 날
028 늑대가 떠났다
030 기계와 나
032 혼자가 아니었다
034 답답한 이야기
035 수건이 걸레가 되기까지
036 산길
039 나는 흐른다
040 투명한 꽃
042 슬프고 우울한 날
044 외로움

2부

047 굳은살
048 내일을 생각하면
050 이불에 핀 꽃
052 맛도 모르면서
054 일요일의 불면증
056 집 잃은 박새
058 사라진 것들
059 신은 우리를 버렸다
069 독사
070 꺼지지 않는 불빛
072 먹구름 때문에
074 밤마다 우는 새
075 회식
076 그곳을 떠난 이유
078 젊은 시인을 추모하며
080 나무에 매달린 거짓말

3부

083 나비를 사냥하기 전에
084 그림자와 진실
085 집에 가고 싶다
088 아이스티
090 친구와 소주 한 병
092 희생
094 달은 아름답다
096 아파트에 사는 나무
098 악성 댓글
100 마스크는 퍼즐이 아니다
102 노을이 달아오른다
103 아끼고 사랑하는 것
104 사랑하는 사람
105 한 여름날의 순례자
110 어린 물음표
111 내면의 앵무새

117 해설 고통의 바다를 건너는 법 | 김영호

〈일러두기〉
*본문에서)는 '단락 공백 표시'로 한 연이 새로 시작된다는 표시이다.

1부

부서진 살점

밤새 비가 쏟아지고, 바람이 거칠게 불었다. 버티고 서 있던 가로수에서 검은 살점이 떨어졌다. 아스팔트에는 빗물이 넘실거린다. 빗물을 머금은 검은 살점. 옆집 강아지가 산책할 때마다 짖어대던 그 자리는 검은 살점이 차지했다. 늘 그렇듯이 비는 또 내리고, 바람은 더욱 거세게 불고, 우산이 없는 나는, 내 마음대로 되는 일이 얼마나 있을까마는 이 길을 벗어날 수 없다. 발끝에 걸리는, 발밑에서 부서지는 검은 살점. 살점이 떨어지는 고통은 온전히 가로수의 몫이겠지만, 내 발걸음은 가볍지 않다. 거리를 지나가는 누군가의 구둣발에 짓눌려 내 살점이 부서진 듯이.

화장지를 쓰다듬었다

끝이 보이지 않으리라 생각했다.

차가운 그곳에 걸터앉아 쓸모없는 상념에 잠기고
길게 토하는 한숨이 습한 공기에 묻히고
가만히 눈물을 닦으며
혼잣말을 중얼거려도
너는 말없이 내 곁에 있었구나.

두툼했던 지난날이 언제였던가.
너의 살은 어느덧 야위고 찢기고 뺏기는데도
하소연 없이 묵묵히
너의 자리를 지켰구나.

너의 마음을 헤아리지 못했다.
발가벗은 네 얼굴을 보기 전까지

네가 앉아있던 빈자리는 처량하고
그 모습을 보고 있는 나는, 나는,
내게는 너무 가혹한 시간이구나.

〉
아끼고 더 아낄걸,
이런 망상 따위는 찝찝한 후회로 남고
오늘을 사랑해야지.

맨몸으로 구르는 화장지를 붙들고
나는 한참을 쓰다듬었다.

잔기침

함박눈이 옆으로 날리고 있다.
불붙은 성냥갑 같은 건물은
잔기침이 끊어지지 않는다.

벽에 붙은 현수막은
마스크처럼 바짝 조여 있고
어지러운 듯이
간판의 네온사인은 지저분하게 깜박인다.

자전거를 끌고 가던 행인은 편의점 앞에서
우산을 사야 할지,
양산을 사야 할지 고민하다가
마스크를 턱까지 내리고 핫바를 입에 문다.
아무도 없는 빈 거리인데도 행인은 눈치를 보며
핫바를 한입씩 깨문다.

신호를 무시하고 견인차는 번쩍거리며 달려가고
견인차를 보고 놀랐는지
행인은 마스크를 쓰려다가

손에 쥐고 있던 핫바를 놓친다.

질척대는 바닥에
거꾸로 박힌 핫바를 멍하니 지켜보던 행인은
침을 뱉듯이 욕설을 날리고는
다시 멍하니 눈 내리는 하늘을 바라본다.

욕설처럼 들리는 잔기침 때문에
건물이 들썩거린다.

겨울이 온다, 잘했다

1.

화려한 가을이 동이 났는지
넘치던 해가 짧다.
찬바람이 거리에 소복이 쌓이고
외로운 가로등은
어둠이 내리는 문밖에서
맨발로 첫눈을 기다린다.

한 해가 지기 전에
겨울이 일찍 찾아온다.

2.

도심의 경계를
겨울이 넘어온다는 소문에
단단히 옷을 여민 소나무는 식은땀을 뚝뚝 흘리고
뒤집힌 뚝배기처럼

곰탕집은 뜨거운 입김을 내쉰다.
아직 깍두기의 시린 맛이 입 안에 남았는데
퇴근 시간은 더디게 흐르고
붉은빛이 도로에 고일 즈음,
창가 너머로
공사장에 불타던 모닥불과
말싸움에 열을 내던 인부는 천천히 잦아든다.
단풍이 물들기 전부터
눈썰매에 내려앉은 먼지를 털던 아이들.
아이들이 좋아하는 놀이터의 그네는
엉덩이를 흔들며 신이 났다.

잘 참았다

어쩌다가 찾아온 손님,
손님이 국물이 뜨겁다고 숟가락을 던질 때,
반대편 테이블에 앉은
다른 손님은 국물이 차갑다고
젓가락으로 허공을 찌를 때,
그는 뚝배기를 던지지 않았다.

불 꺼진 간판 아래, 담배를 깨물며 한숨을 쉬던
족발집 사장이 스스로 목숨을 끊었을 때,
그 소식을 듣고
그는 손에서 뚝배기를 놓치지 않았다.

넘치는 음식물 쓰레기에
날파리가 넘실댈 때,
하필이면 그 날파리가 손님상에 날아들 때,
손님이 먹던 음식을 물리고 한숨을 쉴 때도
그는 뚝배기를 떨어뜨리지 않았다.

장사가 잘되는 날,

이제 풀리나 싶지만,
확진자가 다녀갔다고 역학조사관에게 전화 올 때,
그는 뚝배기를 버리지 않았다.

뚝배기야,
함께 참아줘서 고맙고
깨지지 않아서 고맙다.

합석

숟가락질은 스물네 번,
젓가락질은 서른 번이지만,
숨을 몇 번이나 뱉었는지
세다가 잊어버렸다.

왜 날아가지 않는 걸까?

시간이 꽤 흘렀다는 것과
나 혼자 남았다는 것과
내 깍두기를
누군가 빨아 먹고 있다는
이 사실은 변하지 않았다.

떠나보내려는 손짓에도
날개 달린 그것은
식사를 멈추지 않고

바꿔드릴까요?
원망스러운 눈빛으로

식당 주인은
날개 달린 그것을 쫓아내려 했다.

손사래를 쳤다.
나와 그것은 배부른 뒤였다.

식당 주인은 죄송하다며
밥값을 절반만 받겠다고 했다.
하지만, 밥값을 모두 냈다.

날개 달린 그것은 깍두기를 좋아하고
방금 친구가 되었고
나와 그것은 합석했기 때문이다.

명세서

잠이 깨기도 전에,
아마도 잠이 깬 것 같은 시간에
국밥 한 그릇을 단숨에 들이키고는
늘 그렇듯이 숫자를 읽는다.

어제저녁에는
석양이 지는 풍경을 위안 삼아
똑같은 자리에서
소주 한잔 곁들이며 숫자를 읽었다.

입속으로 들어가는 만큼
숫자는 늘어난다.

늘기만 하는 숫자.

예전에는 얇아진 지갑 때문에 허탈했지만,
지금은 별 감흥도 없이
숫자가 늘어나는 시대.
〉

나는 빚쟁이고

매번 똑같이

내게 남은 것은 빈 그릇이다.

은행가는 날

유리벽 뒤에서
대출직원이 키보드를 두드린다.
하얀 마스크를 눈 밑까지 올려 쓰고
그는 눈을 마주치지 않는다.

굴절된 모니터가 안경에 비친다.
그의 숨소리,
마른기침이 마스크 사이로 흘러나온다.
그의 표정을 읽을 수 없다.

전화벨이 울린다.
소파 끝에 앉아있던
다음 대기자는 손으로 입을 가리고
아주 작은 목소리로 통화하지만,
그에게서 다급한 억양이 느껴진다.

대출직원은 서류를 꺼내
무뎌진 연필로 뭔가를 끄적인다.
연필심이 부드럽게 미끄러지며

숫자를 적어간다.

그는 안경을 고쳐 쓴다.
드디어 눈을 마주쳤다.
그는 나에게 눈웃음을 보여줬고
나는 유리벽 뒤, 숫자를 보며 웃었다.

늑대가 떠났다

방안이 숲속인 듯 뛰고, 달리고
새벽이 되도록 울어대는
어린 늑대는 아파트 11층에 살았다.

어느 날,
엘리베이터에서 만난 어린 늑대는
더는 늑대가 아니었다.
본능을 깨우는 울음소리가
칭얼거림으로 변했고
겁먹은 사슴처럼 구석에 쪼그려 있다가
뒤꿈치를 세우고 걸었다.

그리고 또 어느 날,
비가 몹시도 많이 내리는 날에
늑대가 사라졌다.

장난스럽게 뛰고 달리는 천장의 울림도
달빛 아래로 목청을 세우고
어미를 찾는

울음소리도 들리지 않았다.
야성을 잃은 늑대는 어디로 사라졌을까?

떨떠름한 침묵과
깊어진 정적이 아파트에 덩그러니 남았다.

종종 사람들은
늑대를 걱정하며
늑대가 떠난 이유를 서로에게 묻곤 했다.

걱정이 많은 그들은
그 이유를 누구보다 잘 아는 사람들이었다.

기계와 나

내 키보다 크고
내 몸무게보다 무거운 그것은
잔소리를 늘어놓는다.
지나치게 부지런하다.

나보다 일찍 예열하고
나보다 일찍 일을 시작한다.
잔소리마저 열정이 느껴진다.

나는 게으르지 않다.
그런데도 똑같은 단어, 반복되는 음절로
위압적인 그것은
내 게으름을 온종일 지적한다.
재촉하는 말투는 거침이 없다.

듣기 싫은 누군가의
음담패설이나 욕설이 아닌 것에
나는 감사해야 할지 모른다.
〉

하지만, 나는 기계와 같은 존재가 아니며
내 귀는 단지
숨을 쉴 시간이 필요하다.

혼자가 아니었다

외롭다는 생각이 들 때면
가만히 눈을 감고
세상이 말하는 소리를 듣는다.

구름을 밀어내고 한걸음에 달려온
거친 바람 소리는
어떤 소식을 전하고 싶어서
창문을 두드릴까?

창문 턱에 걸터앉아
누군가를 부르며 갈 길을 재촉하는
작은 새의 소리.
어디로 가려고 저리도 급한지,
하나둘 날아들고.

기껏 문밖 사과나무 위로 날아가
재잘거리며
풋내나는 잡담을 나누고 있다.
〉

잡풀 속에서
우렁차게 기합을 넣던 풀벌레.

새 소리가 들리는데도
아직 못다 한 말이 남았는지
목소리를 낮추고 소곤거린다.

나는 왜 덩달아 소곤거릴까?
소소한 대화를 엿들으며
마음이 따뜻해지는 이유는
나는 혼자가 아니기 때문이다.

답답한 이야기

장마가 시작되던 날,
해장국집이 오픈했다.
그 자리는 원래 해장국집이 망한 곳이었다.

예전의 해장국집 사장,
그러니까 망한 사장은
빚을 짊어지고 다시 빚을 내서
단풍이 한창이던 계절에 냉면집을 열었다.
그 집은 원래 막국숫집이었다.

막국수를 팔던 사장은
비싼 돈을 주고 다른 음식을 배웠다.
해장국이었고
그는 새롭게 오픈한 해장국집 사장이었다.

그들은 같은 아파트 단지에 살고 있다.
그러나 한 번도 본 적이 없고,
만난 적도 없었다.

수건이 걸레가 되기까지

하찮게 여기지 말아야지 하면서도
나는 왜 이럴까?
처음부터 냄새가 난 것도 아니고
더러웠던 것도 아닌데
나는 그것을 멀리하고 있다.
알면서도, 굳이 알고 싶지 않았다.
그 자리에 얼마나 묶여 있었는지조차.
나는 그저 보고 싶지 않을 뿐이다.
거울에 비친 내 얼굴이 가까워질수록
나를 외면하듯이.

산길

1.

인적이 드문 산을 오르다 보면
비바람에 흐트러진 산길은 굴곡이 심하고
보이는 것과 보이지 않는 것,
그 경계가 뚜렷하지 않으며
아는 것도, 모르는 것도 단정할 수 없다.
그러나 누군가는 이 길을 지났을 것이고
그의 흔적이나 체취는 사라졌으며
무슨 일을 겪었는지
무슨 생각을 했는지 알 수 없다.
다만, 그는 정상을 보며 걸었으리라.
나도 그렇게 걷고 있으니.
길이 흩어지고 끊어진다 한들
정상이 눈에 보인다면 걸어야 하지 않겠는가.
뒤돌아 가는 것은 포기일 뿐,
포기는 곧 실패이기 때문이다.

2.

왜 올라가야 하는지
왜 여기에 서 있는지
걷다가 나는 잊었다.

길들어진 걸음걸이에
나는 중독되었고
반복되는 육체의 움직임에
내 이성은 마비되었다.

오르막길이며
내리막길이며
몸이 움직이는 대로
나는 걸을 뿐.

기억이 나지 않는다.
이 길을 선택한 이유마저도.

3.

내려오라 하네.
아직 올라갈 길이 남았는데.

돌아보지 않으리.
가야 할 길이 정해졌으니.

때가 되면
내려갈 것을.

혹시나 모르지.
산이 될지도.

나는 흐른다

바람이 분다.
흔들리는 모든 것들.

나는 흔들리지 않는다.

내 뼈와 근육과 혈관이
쓰러지지 않으려고
고단하게 힘을 쓰는 까닭이다.

그 모든 것이 힘을 잃으면
나는 바람이 되겠지.

문득 고개를 들었을 때,
공허한 하늘은
떠받치는 것 없이 드높다.

하늘에 사는 모든 것은 유유히 흐르고
내 얼굴을 닮은 구름도 흐르고
나는 어디로 흐를까?

투명한 꽃

언덕 아래 기울어진 꽃집은 투명한 꽃을 판다.

투명한 꽃은 시들지 않는다.
그래서 생기도, 움직임도 없다.
살아 있는 생명조차 얼씬대지 않는
쓸쓸한 세상의 풍경을 담을 뿐이다.

호기심에 그 꽃을 샀지만,
창가에서 치웠다.
까만 먼지가 꽃 속을 파고들어
지워지지 않는 흉터처럼
깊은 얼룩을 남겼기 때문이다.

굴절된 세상이 투명한 꽃 안에 있다.
물을 주는 이가 따로 있고
꺾는 이가 따로 있다.

이 꽃은 썩지 않는 꽃이다.
열매가 열리지 않는 꽃이다.

혼란스러운 그 꽃을 나는 버렸다.

슬프고 우울한 날

슬프지만, 슬프지 않다고
그렇게 다부지게 목청을 높이며
어색한 웃음을 보이던 그는
끝내 솔직하지 못했다.

솔직했다면,
자기감정을 숨기지 않았다면
돌이킬 수 있었을까?

알게 모르게
그가 마음의 병을 앓고 있다는 사실을
모두는 어렴풋이 느끼고 있었다.

누가 먼저 솔직해야 했고
따뜻한 말과 위로는
누가 먼저 해야 했을까?

누구든지 말을 꺼냈다면
결과는 달라졌을지 모른다.

〉
돌이킬 수 없는 지난 일을 떠올리며
지금을 돌아보는 것은
그날의 기억처럼 슬프고 우울하기 때문이다.

외로움

눈물이 낙엽처럼 비틀거리며 흐른다.
흐르고 흐르다가
어느덧 비가 쏟아진 거리에는
낙엽이 쌓인다.

밖으로 새어 나오는 것과
흐르는 것과
멈출 수 없는 것은
비에 젖은 거리가 쓸쓸한 까닭이다.

그러나 외롭다는 말은
입 밖으로 꺼내지 말자.

말하지 않아도
세상은 늘 외롭고
그것이 외로움인 줄 알지 못한 채
낙엽처럼 흔들리는 것들,
눈물이 되어 흐르는 것들이 너무 많다.

2부

굳은살

흙먼지가 날리는 거리에 엎드렸다.
숨소리조차 크게 내지 못한 채
손바닥을 가만히 내밀어 보지만,
무심하게 흘러가는 강물처럼
검은 그림자와
수군거리는 웃음소리,
고약한 향수가 스치고
그 거리를 지나는 많은 것은, 아니 모든 것들은
바람결에 흩어지며 쓸쓸히 등 뒤로 사라진다.
내 손이 더러운 까닭이다.
손바닥을 비벼보고
바짓가랑이에 문질러도
굳은살에는 까만 때가,
벌어진 흉터에는 반짝이는 모래알이 박혀있다.

모래알은 어디에서 왔을까?
왜 이토록 아름답게 빛나는가.

내일을 생각하면

노을이 비치는
건너편 아파트를 멍하니 보고 있으면
어느덧 호흡이 조급해진다.

아파트 위로
하얀 구름은 단잠에서 깨어난 토끼처럼
붉은 눈을 치켜뜨며 달리고
이름을 알 수 없는 새는
검은 점으로, 흰 종이에 찍은 마침표처럼
석양의 그늘 속으로 흘러간다.

해가 저무는 탓이다.
내가 웃음을 잃은 것도.

가는 길을 재촉하는
덤프트럭 엔진소리가 유난히 사납다.
천정에서 뛰노는 위층 꼬마 녀석만 신났다.

어둠에 잠기는 것들과

암흑 속에서 살아 있다는 듯이
하나둘씩 켜지는 불빛들과
그 불빛의 리듬에 맞춰
소파에 누워 숨만 쉬어도
내 발바닥은 욱신거린다.

해가 저무는 풍경은
내일을 생각하면 달갑지 않다.

이불에 핀 꽃

이불에 꽃이 피었다.
창문 틈으로 비집고 들어온
아침 햇볕이 따뜻해서일까
색채가 곱고 어제보다
강렬하게 꽃은 반짝인다.

나는 이불을 손끝으로 끌어모아
꽃을 일으켜 세운다.
수줍은 듯이
꽃은 힘없이 바닥으로 무너지며
천천히 몸을 기댄다.

일어나기 힘들어하는 나처럼
꽃은 자꾸만 눕고
출근이 싫은
나는 잠이 쏟아진다.

곧 요란하게 울릴 알람을 끄고
꽃을 끌어안은 채로

다시 이불 속으로 들어간다.

맛도 모르면서

하얀 종이 한 장을 펼쳐놓고
낙서라도 해야겠다는 생각에
펜을 손에 쥐었지만,
단 한 글자도 쓰지 못하고 있다.

벽에 걸린 액자가 눈에 들어온다.
이름을 알 수 없는 화가는
아카시아 나무를 거꾸로 세우고
하얀 캔버스에 나무를 반만 그렸다.
붓칠도 거칠다.

지난날 기억이 떠올랐다.
앞마당에는 아카시아 나무가 서 있었고
동네 아이들은 아카시아 꽃을 따먹었다.
쫍쫍거리는 소리,
재잘거리는 아이들이 시끄러웠다.

떨어지는 꽃 때문에
낙엽 밟는 소리가 거슬려서

나무를 베어버렸다.

이제야 그 맛이 궁금했다.
그 꽃은 어떤 맛일까?

상상 속에서 아카시아 꽃을 떠올리고는
깨물어 보고, 씹어보고, 핥아보다가
고개를 가로저었다.
그 맛을 알기에는 너무 늦었다.

들고 있던 펜을 내려놓고
종이를 쓰레기통에 던졌다.
맛도 모르면서
펜을 들 수 있을까?

일요일의 불면증

빛을 비추면 그만이지, 늦은 밤
달은 건물을 삼키고
해가 뜨는 게 아쉬웠는지
성욕에 눈을 뜬
미용실 고양이는 자지러진다.

오른쪽 머리를 찌르는 통증,
편두통이 아닌 통증 때문에
이십 년 전 즈음 끊었던 니코틴 향이
코끝으로 올라온다.

현관문은 잠갔나. 화장실 불은 껐나.
커다란 쥐가 머리 위를 기어 다니는 것처럼
검붉은 천장은 삐걱거리고
약한 불빛에 흔들리는 유리창,
유리창에 비친 가로등 불빛은 그림자마저 짙다.

달은 무사히 서산으로 졌을까?
고양이 성욕을 걱정하다가

새어 나오는 눈물을 닦는다.
두 눈을 감는 것이 고역이다.

집 잃은 박새

동이 틀 무렵부터
박새가 우는 슬픈 소리에
불면증에 시달리던 아파트는 잠이 깼다.

전화벨 소리가 경비실을 울리고
어깨가 축 처진 경비는 주저하다가
나무 위, 박새를 향해
돌 던지는 시늉을 한다.

박새는 하소연을 늘어놓듯이
삿대질하는 경비를 바라보며 날갯짓을 하고
가방을 짊어진 어린 학생들은
새와 경비의 말다툼을 구경한다.

옆 동네에선 빨간 글자를 칠한 집들이 무너졌다.
떠난 빈자리마다
벽을 깨는 굴착기가 먼지를 일으키고
살수차는 물을 뿌린다.
〉

허물어지는 소리와 깨지는 소리가
검은 양복을 입은 파라솔을 뒤집는다.

박새 소리는
그 둔탁한 소리에 묻히고
아파트 그늘진 곳에서
박새는 집을 잃고 길도 잃었다.

사라진 것들

마술사가 물 위를 걷는다.
관객은 환호한다.
수면에 비친 얼굴은 마술사의 얼굴이 아니다.
마술사의 가면을 쓴 일그러진 얼굴이다.

균형을 잃은 마술사는 물속에 잠기고
일그러진 얼굴은 뜬다.
관객은 박수갈채를 보낸다.

일그러진 얼굴은 마술사를 물속에 가둔다.
마술사는 발버둥을 치다가
거품을 일으키며 사라지고
곧 일그러진 얼굴도 녹는다.

무대 위에는 수조에 담긴 물 말고는
아무것도 없다, 원래 아무것도 없었다.
관객은 침묵에 **빠**진다.

신은 우리를 버렸다

1.

우거진 밤나무 밑에서
일개미 한 마리를 만났다.

일개미는 신에게 기도하는 중이었다.
어찌나 간곡하게 기도하는지
그 목소리가 내 귀에 들리는 듯했다.

귀를 기울였고,
기도하는 일개미는
들릴 듯 말 듯,
슬픈 이야기를 들려주었다.

2.

근처에 개미굴이 있었다.
장마가 오기 전에 일개미들은

모래조각이며 흙 조각을 입구까지 옮겼다.

하지만, 여왕개미는 이사를 결정했다.
시끄럽고 냄새가 심하다는 이유였다.
옆 동네 감나무밭에서 이사 온 지
석 달 만의 결정이었고,
이사를 온 이유는 같았다.

곧 장마가 시작되는 시기였다.
이 시기에 이사를 결정한 것에
일개미들은 반발했다.

짐을 옮기려면 길을 내야 하고,
굴을 파야 하고,
수십 개의 방을 만들어야 했다.
시간이 부족했다.
어쩌면 짐을 옮기다가
모두가 위험할 수 있었다.

여왕개미는 막무가내였다.
시간이 지날수록 여왕개미는 격노했다.
명령을 따르지 않는다는 이유로
일개미의 우두머리를 단두대에 세웠다.
차례로 일개미들은
병정개미 집게에 머리가 잘렸다.

일개미들은 뜻을 굽히지 않았다.
이곳에 남는 게 옳다고 믿었다.
침묵의 저항은 계속되었다.

탄압과 박해는 더욱 심해졌다.
견디다 못해 몇몇 일개미는 도망쳤고,
몇몇은 스스로 목숨을 끊었다.

3.

나는 신이라도 된 것처럼

기도하는 일개미에게 물었다.
원하는 게 무엇인가?

일개미는 남은 일개미 모두를
구출해달라고 했다.
그러나 구출은 근원적인 해결이 아니었다.

나는 다시 물었다.
여왕개미는 어떻게 할까?
그 말에 일개미는 대답하지 않았다.

대답은 중요하지 않았다.
나는 여왕개미와 그 일당을
심판하고 처벌하기로 이미 마음먹었다.

4.

개미굴 입구는 병정개미가 우글거렸다.

일개미 몇 마리는
힘겹게 먹이를 나르고 있었다.

일개미 한 마리가
다리 하나가 잘린 채 절뚝였다.
병정개미는 말을 타듯이 그 몸 위에 올라탔다.
일개미가 얼마 못 가 주저앉자
긴 집게로 병정개미는
그 일개미의 머리를 잘라 죽였다.

나는 기도하는 일개미를 보내며
개미굴 안에 있던
모든 일개미를 밖으로 나오라고 했다.

얼마 후,
일개미가 모두 밖으로 나오자
병정개미가 공격하기 시작했다.

나는 달려드는 병정개미 앞에

손가락으로 흙을 파내 공격을 지연시켰다.

그리고 일개미에게 말했다.
저항하라, 싸우라.

일개미들은 죽기 살기로 병정개미와 싸웠다.
그 기세에 눌렸는지,
내 그림자가 두려웠던 건지
병정개미는 뿔뿔이 흩어지고 달아났다.

5.

병정개미가 사라진 개미굴,
그 안으로 들어간 일개미들은
여왕개미를 끌어냈다.

끌려 나오면서도
여왕은 위풍당당했다.

여왕의 고압적인 태도에
일개미들은 순식간에 머리를 조아렸다.

기도하는 일개미는 앞장서서
여왕을 처벌해야 한다고 소리쳤다.

그러나 아무도 움직이지 않았다.
그들은 두려워했고
여왕의 피를 묻히기 싫어하는 듯했다.

나는 아무것도 해줄 게 없다는 걸 깨달았다.
그들이 진심으로 원하는 것은
심판과 처벌이 아니었기 때문이다.

오히려 여왕이 정의와 심판을 외쳤다.
일개미들은 환호했다.

6.

시간이 지나자
흩어졌던 병정개미들이
일제히 일개미를 에워쌌다.

기도하는 일개미는
그 자리에서 잡혔고,
그 목에 병정개미는 집게를 들이댔다.

여왕은 정의와 심판을 외쳤다.
갑자기 일개미들이 소리치기 시작했다.
기도하는 일개미를 죽이라고.

기도하는 일개미는
처형당하기 직전 이렇게 외쳤다.
신은 내 기도를 외면했다!

7.

밤사이에 폭우가 쏟아졌다.
나는 밤나무 밑이 궁금했다.

물웅덩이는 개미 사체로 가득했다.
짐을 옮기던 개미들은
거센 빗물에 목숨을 잃었다.

물이 닿지 않는 곳,
평평한 돌 위에는 여왕이 살아 있었다.
병정개미 몇 마리의 호위를 받으면서.

살아남은 일개미의 곡하는 소리가 들렸다.
신을 원망하는 소리,
신을 저주하는 소리도 들렸다.

개미의 곡소리 때문이었을까?
밤나무 주변으로

잠자리가 몰려들기 시작했다.
일개미들은 재빠르게 돌틈으로 몸을 숨겼다.

그러나 여왕개미는 몸이 무거웠고,
병정개미 도움 없이는 움직일 수 없었다.
잠자리 떼 날갯소리에 놀란
병정개미는 모두 도망친 뒤였다.

잠자리가 낮게 비행하더니
여왕개미를 낚아챘다, 여왕개미는
잠자리의 날카로운 발톱에 찔린 채로
하늘을 날면서 소리쳤다.

신은 우리를 버렸다.

독사

독사 한 마리,
똬리를 틀고 있다가
내 입이 열리는 순간,
목구멍을 타고 올라온다.

이빨을 드러낸 독사는
내 곁에 있는 사람에게
상처를 내고
아프게 하고
죽음에 이르게도 한다.

내가 해야 할 일은
독사가 나오지 못하게
입을 닫는 것,
입을 닫고 미소 짓는 것,
입을 닫고 슬퍼하는 것,
입은 닫고 귀를 여는 것이다.

꺼지지 않는 불빛

천장에 매달린 불빛이 내 눈을 파고든다.
그림자는 발밑으로 숨고
바닥 타일에 반사된 빛은 턱밑까지 기어오른다.

탁자 위로
바스러진 면장갑이며
드러누운 연장들이
하얀 가루가 쌓인 채로 숨을 고르고 있다.

미세하게 종아리 근육이 떨린다.
나는 왜 이곳에 남았는가.

속옷은 땀으로 젖었지만,
차갑게 식은 공기가 뒷덜미를 감싸고
살을 발라버린
하얗게 드러난 짐승의 뼈다귀처럼
온몸에 전해지는 것은
거추장스러운 통증뿐이다.
〉

벽에 걸린 시계를 몇 번이고 외면했다.
본들 달라지는 것이 있겠는가.
기계 소리는 날카로운 비명을 지르고
창밖으로 물들던 어둠은
환한 가로등에 멀찍이 달아났다.

천장에서 쏟아지는 수십 개의 불빛
나를 비추는 불빛을 꺼야 한다.
그래야 이곳을 떠날 수 있지만,
스위치를 끌어 내릴 용기가 없다.
내가 못다 한 것은
다른 이의 몫이 되기에.

불빛이 태양이 아니고
나의 태양은 남들과는 다르지 않지만,
나는 오늘도 용기가 없다.
나는 실눈을 뜨고서
그것들을 애써 외면한다.

먹구름 때문에

오라는 비는 안 오고
먹구름은 빈틈없이 결계를 치고 있다.
벌써 며칠째,
이 구역은 우울하다.

소나무 숲은
슬픈 노래를 바람결에 흘려보내고
바람을 타고 떠난
넋두리 같은 노랫말은 멀지 않은 곳에서
다른 소나무 숲이 부르는
슬픈 노래에 가로막힌다.

동쪽에 뜬 태양은 먹구름 뒤로
얼룩진 잔광을 남기고
곧 사라질 걸 알면서도 옅은 햇빛을 향해
새들은 날아간다.

불평하는 듯,
투덜거리는 까마귀 소리가

허공을 가르는 메아리로 울리고
허탈한 날갯짓에
먼지가 쌓인 풀꽃은 움츠러든다.

이 모든 것이 먹구름 때문이다.
벌써 며칠째,
이 구역은 우울하다.

밤마다 우는 새

밤마다 우는 새는
밤잠을 설치며
무엇이 그토록 슬픈가?

혼자라서 서러운 새는
울다가 지쳐도
왜 달빛 아래로 떠나지 않는가?

누굴 기다리길래.

어둠은 깊어 가는데
나는 울지 않으리.
울어도 찾아올 사람이 없으니.

회식

돈이 궁하면 은행을 찾아가면 될 일이고
몸이 불편하면 의사를 만나면 되지 않는가.
마누라 흉은 왜 보고, 자식 자랑은 왜 하며
같은 말은 왜 그리 반복하는가.
감춘 속마음을 털어놓는다고
졸린 눈을 비비는 젊은이가 잠을 깨고
한 손에 물컵을, 한 손에는 핸드폰을 꼭 쥐고 있는
다른 이가 술잔을 들겠는가.
왜 그리 목소리는 큰가.
불 꺼진 가로등마저 눈을 뜨겠네.
곰탕 한 그릇에 그냥저냥 술 한잔 말아놓고
덕담이나 나누다 가시게.
식은 곰탕에는 따뜻함이 없네.

그곳을 떠난 이유

그곳은 십자가가 없었다. 그렇다고 눈에 띄게 이상한 교회는 아니었다. 단 한 사람, 황금 용이 그려진 넥타이를 좋아하는 그 사람, 이를 하얗게 드러내고, 자꾸만 훌훌 웃어대는 목사만 빼면 지극히 정상이었다.

신도들은 나를 가족처럼 따뜻하게 대해줬고, 그곳에서 친구도 사귀었다. 헌금함으로 들어가는 내 용돈은 그것에 대한 보답이었다.

어느 날, 아마도 부활절로 기억한다. 설교하는 목사의 옷에서 이상한 것을 발견했다. 넥타이에 그려진 용이 지난주와는 달랐다. 여의주를 물고 있었다. 여의주를 입에 물고 있는 황금색 용은, 그 넥타이는 지금껏 본 적이 없는 놈이었다.

나는 그날, 아마도 부활절로 기억하는 그날부터 넥타이와 용을 주시하기 시작했다. 넥타이는, 그 용은 매주 바뀌고 있었다. 점점 화려해졌다.

그 후로 나는 헌금을 내지 않았다. 그리고 그 비밀을 누설했다. 용이 바뀌고 있다고.

그러나 내게 돌아온 것은 엄한 눈초리였고, 얼마 지나지 않아 남자 신도들은 용 넥타이를 맸고, 여자들은 용 브

로치를 옷에 달았다.

  나는 용과는 어울리지 않는다고 생각했다. 아니, 그곳은 용과는 어울리지 않는 곳이었다.

  군소리 없이, 미련 없이 나는 그곳을 떠났다.

젊은 시인을 추모하며

가난하든지, 부유하든지
당신이 있는 곳이 어디든지
권력이 욕망에 사로잡힐 때,
가장 먼저 죽는 이는
젊은 시인이다.

아무것도 가진 것이 없다.
빼앗길 게 없어서 용감하고
뒤를 봐줄 사람이 없다.
그래서 더 거침이 없는
젊은 시인은
펜이 꺾이는 것이 죽는 것보다 싫다.

오직 시로
앞장서서 정의를 외치는
광장의 젊은 시인.

그가 떠난 자리에서
그를 추모하며 시민은 외친다.

그의 시는 영원하다.

나무에 매달린 거짓말

그것은 거짓말이다.
자랑스럽게 떠벌리는 거짓말이
몇 번째인지 모르지만,
이번에도 거짓말이다.

그가 거짓말을 하고 있다는 것은
누구나 아는 사실이고,

처벌이 없다는 것과
침묵에 능숙하다는
그것 역시
잘 알려진 사실이다.

거짓말, 그것은 죄다.
이제는 방관할 수 없으며,

그 거짓말에 들러리가 될 수 없다.
그렇게 살지 않았고
그렇게 배우지 않았기 때문이다.

3부

나비를 사냥하기 전에

나비를 사냥하기 전에
나비가 좋아하는 꽃을 심어야 한다.
나비가 좋아하는 향기도
나비가 좋아하는 색깔도
나비가 좋아하는 먹거리도 있어야 한다.

그러나
왜 사냥하는지
왜 날개를 꺾어야 하는지
되물어야 한다.

나비는 날기 위해 태어났고
그저 날고 싶기 때문이다.

그림자와 진실

내가 알고 있는 것은 진실이 아니며
가면을 쓴 허상이다.
그림자가 내 몸의 일부인 것처럼.

해가 지기 전부터
외로운 거리를 배회하는 것은
발끝에서 자라난 내 그림자이다.

낡은 담벼락에 그려진 낯익은 벽화처럼
그림자는 나를 표절할 뿐이다.

흘리는 땀이 진실이다.
땀을 흘리지 않는 그림자는
땀을 알지 못한다.

그래서 그림자를 믿지 않는다.
그림자는 발끝에서 태어났지만,
나는 흙에서 태어났고
내가 흘린 땀은 다시 흙을 적시기 때문이다.

집에 가고 싶다

1.

집에 가고 싶다. 회의 중에 터진 혼잣말이 너무 컸다. 그 말은 진심이었다. 김 부장은 벽시계를 올려다보듯이 나를 향해 눈을 치켜뜬다.

눈이 온 것처럼 송홧가루가 방충망에 쌓이고, 빗물이 날개를 단 것처럼 바짝 달라붙은 창문, 그 너머 보이는 오르막길을 숨 가쁘게 올라가면 집이다.

기다릴 때는 보이지도 않던 버스가 줄줄이 엮여 간다. 어제 2분 빠르게 고쳐놓은 벽시계의 분침이 2분 느리게 달리고 있다. 누군가 시계를 다시 고쳤다.

김 부장은 손때 묻은 수첩을 넘기며 늘어진 안경을 고쳐 쓴다. 날이 선 만년필 끝이 나를 겨냥한다.

회의는 끝나지 않았다. 2분 늦어질 것이다.

2.

김 부장은 회의가 시작된 후로 손을 세 번 씻었다. 수첩에 수십 개의 별을 그린 박 과장은 김 부장이 자리를 비운 사이에 찌그러진 동그라미로 취향이 변했다.

밖에는 밤안개가 스멀거리며 하품을 쉰다. 오르막길은 점점 안개의 입속으로 사라지고, 안개의 배 안에 가득한 붉은 불빛들은 희미해진다.

졸린 눈을 비비는 신입은 볼펜을 거꾸로 쥐고, 서투른 주문을 외우며, 수첩을 자해한다.

주문이 익숙하지 못한 탓일까? 멀쩡한 형광등이 깜박이고, 기묘한 저주에 걸린 것처럼 벽시계의 분침은 앞으로 걷지 못하고 주저앉는다.

3.

회의가 끝날 때쯤 김 부장의 입안에서 뱀이 기어 나왔다. 독사다. 독니에서 소주 냄새가 난다. 고생했다고 말하고는 회식이라는 단어를 내뱉었다.

뱀독이 혈관을 따라 온몸에 퍼지는 듯이 몸이 차갑게 얼어붙는다. 마비 증상은 박 과장이 그리던 찌그러진 동그라미에서 시작되고, 신입은 주술사처럼 한숨 소리로 다시 주문을 외운다.
 집에 갈 수 있을까?

아이스티

원두커피처럼
검게 그을린 빌딩 아래로,
빌딩 숲이 끌어내린 짙은 그늘 밑으로
고개 숙인 사람.

그 사람을 바라보는
커피숍에 박제된 알바의 가난한 눈빛은
천천히 그 사람을 계산대에 옮겨놓는다.

그 사람은 커피를 주문한 적이 없다.

허기진 웃음에 찌들어 있는 그곳.
코끝에 묻은 커피 향을 닦아내고
알바는 그 사람의 눈을 훔쳐본다.

메뉴판을 돌고 돌아 그 사람의 시선은
마른침을 삼킨다.
그의 하루와
입맛이 쓰디쓴 까닭일까?

〉
아이스티, 아이스티.
아니, 아메리카노 주세요.

젖은 손을 앞치마에 닦고
알바는 주섬주섬 컵에
아이스티와 얼음을 담아낸다.

아이스티입니다.
그 사람은 고개를 갸웃거리지만,
아이스티는 아메리카노를 닮았다.

아이스 아메리카노 같은
아이스티.

아이스티의 달달한 향이
주고받는 그들의 손을 휘감는다.

친구와 소주 한 병

너는 웃고
또 다른 그녀는 웃느라 눈물을 흘린다.

소주 한 병 주문하고
주문한 줄도 모르고 또 주문하고
삼겹살 한 점 집어삼키며
웃고 웃다가 눈물을 닦는
연녹색 머리끈으로
단발머리를 질끈 묶은
그녀는 자신이 취한 줄도 모르고
취하지 않았다는 말만 늘어놓는다.

뭐가 그리 재미있을까.
너는 안주만 먹으니까 살쪘다고 웃고
너는 소주만 먹으니까 기미가 늘었다고 웃고
소주가 한 병 더 생겼다고 눈물을 닦는다.

마감 시간이 지났지만,
술 취한 그녀들의 별것도 아닌 이야기에

나는 과거를 회상하며 웃고
다음 이야기가 궁금해서 취기가 돈다.

희생

참나무가 흔들리는 이유는
딱따구리가 자꾸만
자기 머리를 두드리며 실실 웃는 까닭이다.

집을 만들고 있다.
딱따구리는 곧 새끼를 낳을 것이다.

참나무는 자신의 몸이 허물어지고
딱딱한 심장을 헤집는
통증이 있을지라도
그렇게 침묵한다.

몸뚱이에 구멍 하나쯤은
아무것도 아니라는 듯이.

집을 짓고
새끼를 낳는 것,
새로운 생명을 축복하듯이.
〉

참나무가 낙엽마저 조심스럽게 떨구는 이유는
딱따구리가 몸 안에서
알을 낳고 있는 까닭이다.

달은 아름답다

구름이 걷히고
알몸을 세상에 드러낸 보름달.

탐욕스러운 눈빛으로
달을 쳐다보는 사람보다
보름달이 벗은 몸이라는
그 사실을 알지 못하는 사람들.

알몸으로 사는
보름달이 부끄러울까?

하늘을 보지 못하고
고개 숙인 인생이 부끄러울까?

시대가 그렇다는 변명과
사는 게 그렇다는 하소연은
하나 마나, 들으나 마나.

벗은 몸도 아니면서

고개 숙이지 말고
어두울수록 밝게 드러나는 달처럼
온 세상에 빛을 발하라.

아파트에 사는 나무

내가 아는 나무는 아파트에 살고 있다.
불 꺼진 빈집처럼
나무는 허전하고 앙상한 나뭇잎을 달고 산다.
아파트에 둘러싸여 바람 한 점 없는
뜨거운 여름날,
나는 나무에게 묻고 싶었다.
덥지 않냐고.
나무는 내 귀에 가만히 속삭이는 듯했다.
곧 겨울이 올 거라고.

여름이 지나갔다.
옆집과 윗집이 이사하고
첫서리가 내리던 날,
나무에게 묻고 싶었다.
추운데 왜 나뭇잎을 벗고 있냐고.
나무는 몸을 흔들어 나뭇잎을 털어내고는
나에게 말하는 듯했다.
추운 이들에게 낙엽은 이불이 되어 줄 거라고.
〉

나는 떨어지는 낙엽을 손에 쥐려다가
툭툭 털어냈다.
그것은 왜
땅에 달라붙은 내 발끝 위로 떨어지는가.

악성 댓글

1.

단순해져야 한다.
반드시 그것은 흔적을 남긴다.

흔적을 따라가야 한다.
그러다 보면, 민낯을 마주하게 되고
그것은 도망간다.

어디에 숨는지 지켜봐야 한다.
그것은 반드시 숨는다.
숨어서 숨을 고르는 시간,
쉴 틈을 주지 말고 쫓아가야 한다.

그것이 지칠 때까지
쫓고 또 쫓으면
그것은 날카로운 발톱을 드러낸다.

그때가 기회다.

밖으로 나온 발톱을 뽑아야 한다.
손가락에서 자라는 칼날 같은 발톱,
그것을 잘라야 한다.

2.

후회하고 있다.
상대하지 말았어야 했다.
그것은
인간의 가면을 쓴 짐승일 뿐이었다.

마스크는 퍼즐이 아니다

내 얼굴을 아시나요.
아니요.
나는 당신의 얼굴을 알지 못합니다.

거리에서 만난 그녀는
그렁그렁한 눈빛으로
내 이마에 박힌 점들을 세고 있다.
기회를 주겠다는 듯이.

흩어진 퍼즐 조각처럼
그녀의 눈썹과 눈꺼풀과 눈동자만으로
나머지 조각을 모아야 했다.

하지만, 애초에 하얀 마스크는
조각 일부가 아니었다.

움찔거리는 입술 위까지
구겨진 마스크를
그녀는 슬쩍 내렸다.

꼭 맞추기를 바라는 것처럼

끝내, 나는 그녀의 이름을
말하지 못했다.
그녀가 턱 밑까지 내리고
자기 이름을 말해줄 때까지

민얼굴도 알아보지 못하는 거리에서
마스크에 가려진 얼굴들,
그가 누구인지 궁금하지 않다.

노을이 달아오른다

서산에 태양이 걸리면
밤을 맞이하는 빛이 오른다.

세상에 없던 그 빛.
노랗게 익은 빛은 구름을 적시고
산등성이에 흐르고.
흐르다가 내린다.

그을음 없는
은은한 감촉이 내 눈에 닿을 때는
밤 그늘이 저만큼 달려온다.

어둠이 억누르기 전에
이 순간을 담고 싶다.

아끼고 사랑하는 것

벽돌을 굽는 것,
그리고 옮기는 것보다
쉬운 일은
옮긴 벽돌을 쌓는 것,
벽돌을 쌓는 것보다
더 쉬운 일은
이미 쌓아 올린 벽돌을
아끼고 사랑하는 것이다.

사랑하는 사람

나를 사랑하는 사람,
그 사람이 없다면
나는 사랑이 없겠지.
사랑하는 법을 알지 못할 테니까.

사랑받지 못한 사람,
그 사람을 나는 사랑해야지.
그 사랑을 나는 받았으니까.

사랑을 알지 못하는 사람이 있을까?
있다면, 나는
그 사람을 보듬어야지.
사랑은 가슴에서 시작하니까.

사랑합니다.
당신은 이 한마디에 가슴으로 울겠지.
나를 살렸던 것처럼
당신을 살릴 테니까.

한 여름날의 순례자

1.

아스팔트 위에는
이글거리는 아지랑이가 나지막이 덮여 있고,
바짝 말라붙은 모래 먼지가
바람이 불 때마다 흩날렸다.

밀짚모자를 깊게 눌러쓴 순례자는
그 길을 홀로 걷고 있었다.

가로수가 없는
그늘이 없는 언덕이 보였다.
깡마른 그림자를 질질 끌면서
그는
언덕을 오르기 시작했다.

태양이 하늘의 가장 높은 곳에서
순례자를 괴롭힌다.

뜨거운 열기가 그를 짓누르고,
그의 몸에서는 땀이 비 오듯이 쏟아진다.

순례자는 하늘을 바라보며 중얼거린다.
비가 올 거야.
그리고는 가방에서 비옷을 꺼내 입었다.

2.

눈 부신 햇살에 비틀거리는
검은 자동차는
비옷을 입은 그가
미쳤다는 듯이 라이트를 깜박이고
클랙슨을 울리며 조롱한다.

언덕 가장 높은 곳에 그가 섰을 때,
한 조각 먹구름이 하늘을 떠다녔다.

그가 내리막길로 발을 내딛자
곧 하늘에서 비가 내리기 시작했다.

점점 빗방울은 굵어졌다.
순식간에 비는 폭우로 변했다.

도로를 달리던 자동차는 더는 웃지 못했다.
조롱하던 기세는 사라지고
눈물인지, 빗물인지
범벅이 된 얼굴을 닦아내기 바빴다.

어떻게 알았는지 궁금하다는 듯이,
순례자에게 어찌 된 일인지 묻고 싶다는 듯이
자동차는 속도를 줄였다.

순례자는 혼잣말을 내뱉는다.
지나가던 새가 알려줬지.
새의 날개가 젖어 있었거든.

3.

쏟아지던 폭우가 그쳤다.
세상은 원래 물이었다는 듯이
공기는 젖어 있다.

길은 온통 웅덩이고
물웅덩이에 비친 태양은 일그러졌다.

순례자는 비옷을 벗지 않았다.
비옷을 타고
땀이 아스팔트 위로 뚝뚝 떨어진다.

아래에서 위로 물이 솟구친다.
지나가던 검은 타이어가
태양과 구름을 짓누를 때마다
폭우가 쏟아지듯이
그의 얼굴은 흙탕물로 젖는다.

그는 흐느꼈다.
바다 위를 걸었던 갈릴리의 사내처럼
한참을 서서 울었다.
물 위를 그는 걷고 있었다.

어린 물음표

어린 딸이 물었다.
온종일 묻고 또 물어보지만,
내 대답은
내가 생각해도 아니다.

어린 딸의 물음표를 되뇌며
내 어릴 적 물음표는
어디로 갔을까?

물음표를 듣고
느낌표를 무심하게 던지는 나는
그렇게, 내 정신은
느낌표에 매몰되어 있나 보다.

물음표, 물음표,
어릴 적 물음표를 떠올린다.
나는 지금 무엇을 위해 사나?

내면의 앵무새

1.

가슴에는 앵무새가 있다.
앵무새는
속마음을 자주 말해주곤 한다.

표정을 숨길 수는 있어도
그래서 거짓말은
구름 뒤에 숨은 태양처럼 곧 드러난다.

사람들이 모르는 것 같지만,
거짓말을 했다는 그 진실은
모두 안다.
모르는 체하거나 속은 척했을 뿐이다.

앵무새가 떠나지 않는 한,
진실해야 한다.
끄집어내고 떠벌리기 전에.

2.

앵무새는 태초부터 존재했다.
태초에 창조주는
자신이 기르던 앵무새를
인간의 마음에 넣었다.

끊임없이 들리는 내면의 소리는
신이 인간에게 허락한
앵무새 소리인 것이다.

가시넝쿨처럼 얽힌 탐욕과 거짓말.

앵무새는 소란스럽게 속삭인다.
내면을 끄집어낸다.

그리고 귓가에 소리친다.
그것은 옳지 않다고,
그것은 거짓이라고.

3.

앵무새를 죽이려는 사람들.
그러나 앵무새는 죽지 않는다.

인간이 죽는 그날까지
마음속 앵무새는 사라지지 않고
그 입을 다물지 않는다.

앵무새는 진실을 말한다.
진실을 외면한 사람들.

그들은 역사가 흐르면서
앵무새를 죽이기보다
앵무새 소리를
다르게 해석하기 시작했다.

악마의 소리.

탐욕과 오만과 질투와 분노,
그리고 게으름, 식탐, 음욕을
악마 탓으로 돌렸다.

그러나 악마는 진실을 말하지 않는다.
진실을 말하는 것은
오직 앵무새뿐이다.

4.

세상 밖으로
앵무새가 나온 적이 있었다.
오래된 예언처럼
그는 이 땅에 태어났다.

그는 아무것도 없었다.
집, 아내, 자녀도 없었다.
떠돌이처럼 길 위에서 지냈다.

그런데도 그 주변에는
사람들의 발길이 끊어지지 않았다.
가난하고 병든 사람들은
그를 사랑했다.

탐욕이 없었고
거짓말이나 속임수를 쓰지 않았다.
그는 진실했다.

그는 자신을 따르던 사람에게
진실을 전했다.
지금 마음속 앵무새가 외치듯이.

그러나 예전이나 지금이나
진실을 외면하는 사람들은
그를 증오한다.

그들은 그를 나무에 매달았다.

진실을 진실이라고 말했다는 이유로
그는 죽었다.

아니,
그는 다시 마음속 앵무새가 되었다.

해설

고통의 바다를 건너는 법

김영호(문학평론가)

 고해(苦海)란 속세의 괴로움이 깊고 끝없음을 바다에 비유하여 이르는 말이다. 그렇다고 고해가 꼭 고통만이 가득한 세상을 의미하지는 않는다. 우리가 현세에서 겪는 희로애락이 결국엔 모두 고통이다. 기쁨이나 즐거움도 오래 지속되지 않고 일정 기간이 지나면 퇴색하거나 사라지면서 허전함과 우울함을 부르기 때문이다. 시인은 주변의 고통이나 변화에 훨씬 민감하게 반응하기 때문에 더욱 외로움과 슬픔의 고통에 빠지기 쉽다. 루마니아 출신의 소설가 '게오르규'는, 관료적 기술주의에 빠져 개인의 존엄성과 가치를 부인하는 서구사회의 인간 부재 상황을 상징하는 소설 『25시』에서, 시인을 '잠수함 속의 토끼'로 비유한다. 잠수함에 산소측정기가 없던 시절, 잠수함 맨 밑바

닥에 둔 토끼가 꾸벅꾸벅 졸면 산소가 부족함을 알아채고 수면 위로 부상했듯이, 시인은 이 사회의 병적 징후에 맨 먼저 고통을 느끼고 호소하는 '잠수함 속의 토끼와 같은 존재'라는 것이다.

건강한 재료를 정성껏 고아낸 정갈하고 뜨끈한 곰탕으로 사람들에게 행복을 주는 '행복한 곰탕'의 대표인 이종인 시인은, 오랜 시간을 서서 음식을 만들고 손님을 접대하는 일을 반복하는 생활 속에서 고립감과 외로움에 시달린다. 더구나 코로나19로 인한 사회적 거리 두기로 최근 몇 년 동안 소상공인으로 극심한 어려움을 겪어야 했다. 시인은 시을 통해 소상공인의 현실을 대변하고 있다. 그의 시엔 '외로움'이나 '슬픔', '흐르는 눈물'이 자주 등장한다. 아예 '세상은 늘 외롭고'라며 외로움을 노골적으로 노래하기도 한다.

눈물이 낙엽처럼 비틀거리며 흐른다.
흐르고 흐르다가
어느덧 비가 쏟아진 거리에는
낙엽이 쌓인다.

밖으로 새어 나오는 것과
흐르는 것과
멈출 수 없는 것은

비에 젖은 거리가 쓸쓸한 까닭이다.

그러나 외롭다는 말은
입 밖으로 꺼내지 말자.

말하지 않아도
세상은 늘 외롭고
그것이 외로움인 줄 알지 못한 채
낙엽처럼 흔들리는 것들,
눈물이 되어 흐르는 것들이 너무 많다.
―「외로움」 전문

시인은 가을비가 쏟아진 거리에 쌓인 낙엽을 보며 외로움으로 눈물을 멈출 수 없다. 눈물이 되어 흐르는 것들이 너무 많은 세상은 늘 외롭기 때문이다. 어찌 보면 너무 감상적인 듯하지만, 세상이 흐르는 것으로 가득한 것은, 사실 세상은 고정된 실체가 없이 늘 변하는 사건으로 이루어지는 한 과정이라는 불교의 연기적 세계관에 부합한 것으로, 시인은 이를 문득 체감한 것으로 보인다. 이런 인식은, 지금은 비바람 등 갖은 시련에 흔들리지 않지만, 언젠가 힘을 잃으면 시인도 바람이 되어 구름처럼 유유히 흐르는 막힘 없는 상태가 되기도 한다(「나는 흐른다」). 마치 불경에서 말하듯, '그물에 걸리지 않는 바람처럼' 시인은 바람에 흔들리다 바람이 되기도 하고, 산을 계속 오르다 산이 되기도 하는(「산길」), 그런 자유로운 경지에 이른다. 이는 바람이나 산에 맞서지 않고 이들과 동행하다 어느덧 하나가 되는 그런 경지다.

이렇게 세상을 늘 변하는 사건과 과정으로 인식하기 때문에, 시인은 외롭고 슬프다고 스스로 말하면서도 그 고통에 얽매여 끝내 굴복하는 나약함을 떨쳐낼 수 있다. 오히려 자신의 고통에서 의연하게 벗어나 주변의 아픔을 찾아내고, 그 아픔을 자신의 아픔으로 공감한다. 시인은 밤새 거친 비바람에 시달리던 가로수에서 떨어진 검은 살점이 누군가의 구둣발에 짓눌릴 것을 생각하며, 자신의 살점이 부서진 듯한 아픔을 느낀다(「부서진 살점」). 고통을 직접 호소하지 않는 나무의 아픔을 내 육체적 고통으로 느끼는 것이다. 숲 전문가들에 의하면, 나무도 감정을 느끼고 향기나 주파수 등으로 나름의 의사소통을 하며; 나아가 이웃 나무들과 네트워크로 결합하여 서로를 보호하고 지원하며 숲을 이루는 사회생활을 한다고 말한다. 시인은 이런 생태 지식 없이도, 세상에 대한 고정된 인식에 얽매이지 않기에, 나무의 아픔을 직관적으로 느끼는 것이다.

시인은 늘 이렇게 의연하기만 한 것은 아니다. 자신의 지난 잘못에 대해 성찰하며 자책하기도 한다. 자신의 마음의 병을 숨기지 않고 솔직하게 말하고, 상대에게 먼저 따뜻하게 대했더라면 결과가 달라졌을 거라는 생각에 슬픔과 우울함을 느낀다(「슬프고 우울한 날」). 그러나 이런 자책은 자신의 잘못을 합리화하려는 자기 방어기제에서 벗어나고자 하는, 자기 책임감의 발로라는 점에서 지난 잘못을 되풀이하지 않고 마침내 슬픔과 우울에서 벗어날 수 있으리라 보여 오히려 긍정적이다.

그의 일터인 '행복한 곰탕'은 곰탕 맛집으로 널리 알려졌다. 하지만 이종인 시인은 요식업과는 관련이 없는 종교인이었다. 대학원(Th.M)에서 기독교 교육학을 전공하고, 목사고시에 합격했다. 그러나 한국 교회의 행태에 실망한 나머지 그는 목사 안수를 앞두고 목회자의 길을 포기한다. 그래서일까? 본질을 잃고, 비본질을 추구하는 한국 교회를 시인은 신랄하게 비판한다.

시인은 목사가 왕처럼 군림하는 교회에 실망하고 서슴없이 교회를 떠났다(「그곳을 떠난 이유」). 황금 용이 그려진 넥타이를 좋아하는 목사가, 여의주를 입에 문 황금색 용이 그려진 화려한 넥타이로 바꾸는 등 점점 더 화려해지더니, 나중엔 남자 신도들도 용 넥타이를 매는 것을 보며 용과는 어울리지 않는 교회를 미련 없이 떠나게 된다. 하지만, 어려운 이웃의 친구로 살면서 오직 진실을 말하다 십자가에 달린 갈릴리 예수를 따르고자 하는 점에서 그는 여전히 구도자이다(「내면의 앵무새」).

네 부분으로 이어지는 서사적 구조의 「내면의 앵무새」

는, 가난하고 병든 사람들에게 진실을 전한 예수가 진실을 말한 이유로 십자가에 매달린 뒤, 우리 내면의 앵무새가 되어 진실을 말하고 있다는 이야기를 담은 시다. 그런데 이 시는 그 제목과 내용이 미국의 작가 하퍼 리가 쓴 『앵무새 죽이기』를 연상시킨다. 미국에서 성경 다음으로 영향력 있는 책으로 평가받은 이 작품은, 1930년대 미국 남부의 인종차별을 다룬다. 백인 여성을 강간한 혐의로 체포된 흑인 남성을 정의로운 백인 변호사가 그 억울함을 변호하고 결백을 적극적으로 변론하지만, 결국 유죄로 사형선고를 받고 탈주를 시도하던 흑인이 죽게 된다는 줄거리이다. 여기서 앵무새는 남에게 해를 끼치지 않아 마땅히 존중받아야 할 선량한 인물의 무죄를 상징한다. 하지만 진실을 외면하는 사람들은 예나 지금이나 여전히 진실을 말한 예수를 증오한다고 「내면의 앵무새」는 질타한다. 이는 입으로는 예수를 믿는다고 떠들면서도, 그 행실은 예수를 따르지 않고 탐욕과 거짓에 탐닉하는 그릇된 신앙행태에 대한 고발로, 내면의 앵무새가 된 예수의 가르침에 귀를 기울이며 그에 따라 살려는 자세가 절실히 필요함을 역설적으로 부각한다.

  시인이 내면의 앵무새가 말하는 진실을 추구하며, 어려운 이웃의 친구로 살아간 예수를 따르며 정의롭게 살고자 하는 결단은, 죽음과 같은 희생을 요구한다는 점에서 쉽지 않다. 특히 '잠수함 속의 토끼'처럼 시대의 고통에 민감한 시인의 정체성은, 이웃의 탄식에 귀 기울이며 이를 대신 말하는 대언자(代言者)로서의 사명감을 숙명적으로 지닌다. 특히 가진 것 없고 뒤를 봐줄 사람이 없는 젊은 시인의 거침없는 펜은 권력자에겐 큰 위협이 되는 만큼 몹시 위험하다. 그래서 그는 불의에 맞서 정의를 앞장서 외치다 산화한 젊은 시인을 추모한다. 이 추모에는, 어렵게 가족의 생계를 꾸려가는 생활인의 남루함을 떨치고, 젊은 시인처럼 정의를 외치는 시를 쓰고자 하는 자신의 염원이 담겨 있다.

> 가난하든지, 부유하든지
> 당신이 있는 곳이 어디든지
> 권력이 욕망에 사로잡힐 때,
> 가장 먼저 죽는 이는
> 젊은 시인이다.
>
> 아무것도 가진 것이 없다.
> 빼앗길 게 없어서 용감하고
> 뒤를 봐줄 사람이 없다.
> 그래서 더 거침이 없는
> 젊은 시인은
> 펜이 꺾이는 것이 죽는 것보다 싫다.

오직 시로
앞장서서 정의를 외치는
광장의 젊은 시인.

그가 떠난 자리에서
그를 추모하며 시민은 외친다.
그의 시는 영원하다.
　　　　　　　　―「젊은 시인을 추모하며」 전문

　내면의 진실을 말하며 불의에 맞서 정의롭게 살려는 태도를 밝히는 시인의 짧은 글들은, 인터넷을 통해 서로의 생각이나 정보를 주고받는 누리소통망에서 악의적인 댓글의 공격을 받기도 한다. 이른바 악성 댓글은 근거 없는 거짓이나 악의적인 인신공격으로 극심한 고통을 준다. 시인도 이런 악성 댓글의 진원지를 찾아내 날카로운 발톱을 자르려 하지만 결국 중단하고 만다. 오히려 악성 댓글을 다는 사람은 '인간의 가면을 쓴 짐승'이기에 애초에 상대하지 말았어야 한다고 후회한다(「악성 댓글」).

　이렇게 악성 댓글의 잔혹한 파괴력을 실감했기에, 시인은 자신이 말하고자 하는 내면의 진실에 엄정한 잣대를 설정한다. 근거 없는 허위 사실을 유포하고 악의적으로 상대를 파멸시키고자 하는 '파괴력을 가진 말'의 유혹을 과감하게 떨쳐야 하기 때문이다. 그래서 시인은 '곁에 있는 사람에게/상처를 내고/아프게 하고/죽음에 이르기도' 하는 악한 말을 '독사'로 비유한다. 이는 무심코 뱉은 말이 불행의 근원이 돼 죽을 수도 있다는 속담 '혀 아래 도끼 들었다'와 통하는 표현이지만, 경계의 뜻을 담은 '도끼'보다 '독사'는 소름이 돋게 하는 비유로 보인다.

시인이 따르고자 하는 예수도 입에서 나오는 말의 위험성을 가르쳤다. 예수의 제자들이 식사 전에 손을 씻지 않고 음식을 먹는 것을 보고 유대인들이 이를 문제 삼자, 예수는 그들의 잘못된 생각과 습관을 지적했다. "내가 하는 말을 듣고 잘 깨달아라. 입으로 들어가는 음식이 사람을 더럽히는 것이 아니라, 입에서 나오는 말이 사람을 더럽힌다." 예수는 이에서 더 나아가 유대인의 오랜 계명을 재해석해서, 형제에 대한 분노나 '바보'나 '미련한 놈'이라는 경멸적 모욕 등도 윤리적 살인과 같음을 가르친다. "나는 너희에게 이르노니 형제에게 노하는 자마다 심판을 받게 되고, 형제를 대하여 라가라 하는 자는 공회에 잡혀가게 되고, 미련한 놈이라 하는 자는 지옥 불에 들어가게 되리라." 여기서 '라가'는 '바보'라는 뜻의 모욕적 표현이다. 시인은 예수의 이런 근본적인 가르침을 받아들여 자신의 태도를 바꾸려 한다. 독사의 유혹에서 벗어나 입을 닫고 상대방의 말에 귀를 기울이며, 부족하거나 잘못된 생각에 빠진 상대방에 연민의 마음을 가지고 미소로 대하기로 한 것이다.

독사 한 마리,
똬리를 틀고 있다가
내 입이 열리는 순간,
목구멍을 타고 올라온다.

이빨을 드러낸 독사는
내 곁에 있는 사람에게
상처를 내고
아프게 하고
죽음에 이르게도 한다.

내가 해야 할 일은
독사가 나오지 못하게
입을 닫는 것,
입을 닫고 미소 짓는 것,
입을 닫고 슬퍼하는 것,
입은 닫고 귀를 여는 것이다.

―「독사」 전문

 상대의 부족함이나 잘못을 탓하거나 나무라기 전에 나를 변화시켜야 결국 상대도 변화시킬 수 있다. 그래서 동학의 생활화에 앞장선 해월 최시형은 부부간에 온화하고

양순한 관계를 이루는 것이 동학의 제일가는 가르침이라고 강조한다. "여자는 편성이라, 혹 성을 내더라도 그 남편 된 이가 마음과 정성을 다하여 절을 하라. 한번 절하고 두 번 절하며 온순한 말로 성내지 않으면, 비록 도척의 악이라도 반드시 화할 것이니, 이렇게 절하고 이렇게 절하라." 해월의 이런 부화부순(夫和婦順)의 가르침에 따라, 화를 내는 아내에게 절을 하는 동학교도들이 100여 년 전에 있었다니 놀랍다. 그런데 시인은 악성 댓글의 경험과 예수의 가르침을 사표로 삼아 이런 마음 자세를 가졌다는 게 더욱 놀랍다.

부부간의 화합이 천지의 화합을 가져오고, 형제간의 진정한 화합이 세상의 화평을 가져옴을 가르친 동서양의 지혜가 이렇게 일맥상통한다. 이제는 이런 인간 간의 평화로운 공존을 강조하는 인간 중심주의를 벗어나, 우주적 존재인 만유가 다 대등하게 소중한 존재임은 이제는 과학자들도 인정하는 시대가 되었다. 천문학자 칼 세이건은 "우리는 창조주를 실망시킨 못된 흙덩이가 아니라, 머나먼 별들의 타오르는 심장부에서 주조된 원자들로 이루어진 존재"라고 말한다. 지구의 모든 것이 별의 먼지로 만들어졌기에, 인간과 지구의 모든 것은 이렇게 우주와 연결돼 있다는 것이다. 동학의 해월 또한 "세상 만물 중에서 한울님을 모시지 않은 것이 없다〔만물막비시천주(萬物莫非侍天主)〕"면서, "모든 사람과 만물이 다 나의 형제〔인오동포 물오동포(人吾同胞 物吾同胞)〕"라고 말했다. 이렇게 우주 만유가 다 긴밀하게 연결된 형제임이 과학적으로도 또 종교적 직관으로도 입증된 만큼, 시인은 자연스레 바람과 흐르다 바람이 되고 또 산을 오르다 산이 되기도 하며, 온갖 자연(바람, 새, 풀벌레)의 소리를 들으며 혼자가 아니라는 생각에 마음이 따뜻해질 수 있다.

    외롭다는 생각이 들 때면
    가만히 눈을 감고
    세상이 말하는 소리를 듣는다.

    (…중략…)

    새 소리가 들리는데도
    아직 못다 한 말이 남았는지
    목소리를 낮추고 소곤거린다.

    나는 왜 덩달아 소곤거릴까?
    소소한 대화를 엿들으며
    마음이 따뜻해지는 이유는
    나는 혼자가 아니기 때문이다.
                         —「혼자가 아니었다」 부분

시인은 외롭다는 생각이 들 때 이렇게 자연과의 대화를 엿듣고 또 덩달아 소곤거리면서, 혼자가 아니라는 생각에 마음이 따뜻해진다. 이렇게 만유가 서로 연결돼 있기에 우리는 익숙한 자연과 사물에 편안함과 평화를 느낀다. 만물은 서로 희생하며 서로를 살린다. 우리 생태계도 생산자 소비자 분해자 또 생산자로 순환하며 서로를 희생하면서 서로를 기른다. 그래서 불교에서는 밥을 먹는 것을 바치고 모신다는 뜻을 담아 '공양'이라 하고, 인도의 고전 '바가바드기타'는 먹고 먹히는 상생과 희생의 뜻을 가진 '야즈나'를 핵심 개념으로 강조한다. 동학은 한울님을 모신 만물이 서로 먹고 먹히는 관계를 이천식천(以天食天)이라 하여, 모심과 섬김 그리고 희생을 만물의 존재 원리로 내세운다. 시인은 이런 존재 원리를, 참나무에 구멍을 내 집을 짓고 새끼를 낳는 딱따구리를 기꺼이 모시고 자신을 희생하는 참나무의 모습을 통해 감동적으로 보여준다.

참나무가 흔들리는 이유는
딱따구리가 자꾸만
자기 머리를 두드리며 실실 웃는 까닭이다.

집을 만들고 있다.
딱따구리는 곧 새끼를 낳을 것이다.

참나무는 자신의 몸이 허물어지고
딱딱한 심장을 헤집는
통증이 있을지라도
그렇게 침묵한다.

몸뚱이에 구멍 하나쯤은
아무것도 아니라는 듯이.

집을 짓고
새끼를 낳는 것,
새로운 생명을 축복하듯이.

참나무가 낙엽마저 조심스럽게 떨구는 이유는
딱따구리가 몸 안에서
알을 낳고 있는 까닭이다.

―「희생」전문

  물론 이 둘의 관계가 일방적인 희생인 것은 아니다. 딱따구리는 나무를 괴롭히는 해충을 잡아먹고 또 구멍을 내더라도 나무의 수관을 건드리지 않아 나무에 해를 끼치지 않기 때문이다. 따라서 서로 희생하며 서로를 기르는 공생 관계라 보는 것이 더 적절할 듯하다. 주류 진화론의 자연선택 이론에 도전해, 공생을 진화의 핵심 원리로 제시한 진화생물학자 '린 마굴리스'가 말했듯이, 우리는 상호작용하면서 공생하는 생물들이 구축한 공생자 행성인 지구에서, 다른 생물들과 함께 살아가는 공생자이다.

우리는 모두 실존적 불안과 소외 의식으로 고립감을 느낀다. 사회의 병적 징후와 주위의 고통에 민감한 시인의 경우는 더욱 그렇다. 더구나 최근 팬데믹으로 인해 소상공인으로 겪은 시인의 고통은 "나는 빚쟁이고/매번 똑같이/내게 남은 것은 빈 그릇"(「명세서」)에 잘 드러난다. 특히 계절에 민감하고 소비자의 외식에 의존하는 요식업의 경우, 폐업과 창업이 순환하는 악순환을 보인다(「답답한 이야기」). 그러나 시인은 빚에 쪼들리고, 손님들이 애꿎은 화풀이를 하고, 이웃 족발집 사장이 자살하고, 날파리가 넘실대고, 확진자가 다녀가는 어려움 속에서도 꿋꿋하게 참아내며 자신의 일을 굳게 지켰다. 그는 자신과 함께 참아준 뚝배기에 고마움을 표한다. 천 도가 넘는 고열을 이겨내고 비로소 모습을 갖춘 뚝배기가, 오랜 시간 동안 수많은 불길의 담금질을 이겨내면서 주인과 함께했으니, 뚝배기야말로 시련을 이겨내며 손님들에게 따끈한 곰탕 한 그릇의 행복을 전하는 길을 함께한 도반이다.

어쩌다가 찾아온 손님,
손님이 국물이 뜨겁다고 숟가락을 던질 때,

반대편 테이블에 앉은
다른 손님은 국물이 차갑다고
젓가락으로 허공을 찌를 때,
그는 뚝배기를 던지지 않았다.

불 꺼진 간판 아래, 담배를 깨물며 한숨을 쉬던
족발집 사장이 스스로 목숨을 끊었을 때,
그 소식을 듣고
그는 손에서 뚝배기를 놓치지 않았다.

넘치는 음식물 쓰레기에
날파리가 넘실댈 때,
하필이면 그 날파리가 손님상에 날아들 때,
손님은 먹던 음식을 물리고 한숨을 쉴 때도
그는 뚝배기를 떨어뜨리지 않았다.

장사가 잘되는 날,
이제 풀리나 싶지만,
확진자가 다녀갔다고 역학조사관에게 전화 올 때,
그는 뚝배기를 버리지 않았다.

뚝배기야,
함께 참아줘서 고맙고

깨지지 않아서 고맙다.

―「잘 참았다」 전문

  시인은 거센 비바람의 시련 속에서 슬픔과 외로움으로 눈물을 흘리지만, 그 고통에 절망하지 않고, 자신에게 주어진 일에 최선을 다하되 집착하지 않는다. 세상의 희로애락은 고정된 것이 아니라 시공간에서 끊임없이 변하는 것이며, 고통 또한 한 과정일 뿐임을 알기 때문이다. 그래서 시인은 자신이 겪는 어려움을 회피하거나 자책에 빠지지 않고, 자신의 일에 책임을 다하고자 한다. 이렇게 스스로 격려하고 북돋우는 태도는, 시인을 다시 일으켜 세워 의연하게 한다. 이 의연함이 진실과 정의를 지키고자 하는 시인의 정체성을 일깨우고, 나아가 주변의 작은 것들에 대한 연민과 공감으로 확대된다. 시인은 사람을 해치는 말의 해악을 깨닫고 사랑의 말로 형제간의 화합과 평화로운 세상을 꿈꾼다. 나아가 인간의 평화로운 공존만을 강조하는 인간 중심주의의 좁은 테두리에서 벗어나 우주적 존재로서의 자각을 바탕으로, 만유가 모두 대등하게 소중한 존재임을 감동적으로 노래한다. 이렇듯 그물에 걸리지 않는 바람처럼 살아가려는 시인의 연기적 세계관, 이것이 바로 시인이 고통의 바다를 건너는 법이다.